ESA ABSURDA MANÍA DE RESPIRAR

ESA ABSURDA MANÍA DE RESPIRAR

Luis Narbona Niza

© Luis Narbona Niza

© Fotografía de portada: Luis Narbona Niza
© Fotografía de solapa: Sofía Rojas Narbona
© Prólogo: María José Muñoz Spínola

© Añil desarrollo gráfico, S.L.
Mahalta ediciones es un sello editorial de Añil desarrollo gráfico, S.L.
www.anil.es
www.mahalta.es

Primera edición: marzo 2024

ISBN: 978-84-128188-6-4
Depósito Legal: CR 94-2024

Impreso en España
Diseño y maquetación: Añil desarrollo gráfico, S.L.
Impresión: Safekat, S.L.

A mis padres, mi pasado

A mis nietos, mi futuro

Mi mujer e hijos, mi presente

EL AIRE QUE EXHALA EL POETA

Cuando hayamos aprendido a escuchar a los árboles,
nos sentiremos en casa. Eso es la felicidad.

HERMANN HESSE

Me une a Luis Narbona la misma tierra y la misma mirada al cielo. Tiempo de infancia para mí y de toda la vida para el poeta, Alanís, como su nombre nos recuerda —*Al-Haniz*—, es una «tierra fértil, tierra próspera o tierra prometida» en un pequeño rincón en las estribaciones de la Sierra Morena conocida como la Sierra Norte sevillana, donde encinas, alcornoques, hierbas y plantas aromáticas conviven, y donde la mirada al azul es el credo —*la lluvia se resiste, mala cosa*— aprendido gracias al «vínculo del hombre y sus ancestros» pues, como nos versa Luis, «Siempre hay una raíz que te mantiene / sujeto a nuestro cielo y nuestra tierra».

Si un símbolo se caracteriza por remitirnos a distintos tipos de significaciones y realidades más allá de su mera apariencia externa, el árbol representa, desde tiempos inmemoriales y en el sentido más amplio, la vida del cosmos, su densidad, crecimiento, proliferación, generación y regeneración; aspectos estos profundos, visibles e invisibles, de nuestra vida. El árbol, eje central de nuestro mundo al sostener los cielos en algunas culturas ancestrales, con su rotunda presencia es la conexión entre el Cielo y la Tierra, entre lo divino y lo humano y, también, al conectarnos con otros y a su vez unir futuro y pasado, entre los que estamos en nuestro mirar al cielo y los que, ya tierra, no están. Hermann Hesse, en su ensayo *Árboles*, recogido en el libro *El caminante*, reflexiona sobre la importancia que tienen estos seres para nociones esenciales como la verdad, la belleza, el hogar, el sentido de pertenencia y la felicidad. El prolífico escritor escribió que «Los árboles son santuarios. Quien sabe hablar por ellos, quien sabe escucharlos, aprende la verdad. No predican doctrinas y recetas; predican, indiferentes al detalle, la ley primitiva de la vida». Y eso es, precisamente, lo que hace Luis en esta obra poética: predicar la ley primitiva de la vida; pues el árbol, al dirigir sus raíces hacia la tierra y elevar sus ramas hacia el cielo, constituye una hermosa metáfora del ser humano como Ser situado entre dos mundos, el terrenal y el celeste, donde:

La luz obra el milagro prodigioso
y concede su espíritu viajero
a ese tallo incipiente que renace
soñando con llegar al firmamento.

Nuestro mundo interior, «semilla de esperanza» que constituye la esencia profunda que nutre nuestro modo de estar en el mundo, precisa del infinito al que se proyectan nuestras raíces para desarrollar nuestra propia forma pues, madre eterna, «Cuando el árbol / prueba la fértil tierra estremecida, / florece todo el ser que lleva dentro». Si las raíces del Yo sustentan la base de nuestra Identidad, Luis da forma y presenta lo eterno en sus marcas singulares, donde «tiñe la savia fresca de ese tono / que tienen las arrugas en el rostro»; y es que, en el tronco, la marca del paso del tiempo muestra nuestra proyección vital ante las vicisitudes de la vida. Comprender el árbol y sus raíces es entender el tiempo y reflexionar sobre el estado de nuestras sociedades y es, por ello, que el poeta no olvida lo que estos seres pueden enseñarnos pues, como vida casi inagotable, tienen una elasticidad temporal distinta y llena de sabiduría para el tiempo instantáneo del hombre que sabe que «Caronte da la espalda al escenario» en el que actuamos.

En «el adiós de la vida (que) es como un árbol / que alza sus recias ramas hasta el cielo», mientras en sus copas susurra el mundo, sus frutos son el último acto que habremos de soltar. Destinados no solo para sí mismo sino «para entregar al mundo / lo que la muerte quita», estos son nuestras acciones destinadas a transformarlo, y es por ello que Luis toma plena conciencia de lo que habremos de compartir con otros y, sabio, nos dice: «procura que tu alforja esté vacía / del don que esta vida te fue dado». Identidad individual y comunitaria, pues más allá del color del paisaje, donde lo que se halla ante nosotros de una manera inmediata es solo pretexto para lo oculto, la poética de la naturaleza «con su prisma de luces de esperanza / que filtran esas ramas de mi bosque» son las luces y las sombras, así como las estaciones y los estados de ánimo cíclicos que pasan por ellas, que «necesitan la mano que los cuide, / que roture la tierra y la esperanza / de sentir otra vez la primavera». En el bosque, maestro sereno y múltiple de la verdad, el mundo profundo es tan claro como el mundo superficial para Luis, quien, con voluntad en la palabra poética, se esfuerza en percibir su existencia al escuchar un trasmundo más allá de lo latente a los sentidos ya que «los golpes invisibles del destino / aminoran su visión en perspectiva / y el bosque queda oculto para siempre» para quien vive ajeno a su escucha, pues la existencia de la realidad, milagrosa e impactante, es música insondable si alejamos su sonido: «Sin el árbol, / la soledad del bosque fue creciendo». Cuando la ininterrumpida fuga del tiempo se hace atmósfera es delirio esquivar el olvido, puesto que donde «reposan las cenizas de los hombres, / se vuelve abono fértil lo que un día / habitó como carne enamorada». Así, la llamada insobornable a favor de la urgencia del anhelo busca saciar la sed «sentado en el caudal de aquella sombra». Fría inundación que maneja el recuerdo y se atiene a su perpetuidad cuando «La última estación de mi morada / nos vuelve a convocar en la memoria» a la madre y al padre que, en la necesidad de continuidad del vivir corpóreo, nos impulsa a no renunciar «a ser árbol de otro árbol; / como antes fui yo carne de otra carne».

Dicen que los actos de creación, ecos del primer bosque que dio a luz al Misterio cuando el mundo comenzó, están reservados a los dioses y a los poetas. En el cielo los primeros, y en la tierra los segundos, se saben unidos por un horizonte de palabras en el que:

Se acostumbraron a vivir
en el silencio,
en la mínima expresión
de la saliva,
en el aire impoluto
que exhalaba.

«¿Y tú te crees poeta?» se cuestiona Luis en este flujo conciencial poético de asociaciones que, lejos de ser fragmentario, aleatorio, o, ilógico y disperso, encuentran en el «Árbol», parte que abre la obra, el eje que la vertebra, donde «Del corazón», la segunda parte, «descansa en el fondo de su gleba», y «De la vida», parte que la cierra circularmente, auspicia todo lo que el hombre puede desear desde la nacencia hasta ser tierra fértil, tierra próspera o tierra prometida: la heredada inmortalidad de ser en otros que nos continuarán.

En esa cercanía terrera y de amistad que aludía al principio de este breve texto, prologar el libro de Luis es muestra de mi agradecimiento a la confianza, nuestra fuerza interior arbórea, depositada en mí por su autor y, gracias a *Esa absurda manía de respirar* que tiene el poeta, también lo es a una tierra que es sustento de mis raíces ancestrales maternas que no olvido pues, como dice Luis, «tu pueblo de ti nunca se sale / su raíz es más fiel de lo que piensas». Dicho esto, solo me queda invitar al lector a escuchar el aire que exhala Luis en un cielo que sostiene todas nuestras raíces bajo el mismo sol.

MARÍA JOSÉ MUÑOZ SPÍNOLA
Galapagar, enero y 2024

I
Árbol

Antes del árbol
fue la luz
y la semilla,
y el agua redentora que te inunda
para ahogar las penas de la vida.

CUANDO EL ÁRBOL

Y también la tierra
que te acoge desde siempre,
para siempre...

I

Cuando el árbol
prueba la fértil tierra estremecida,
florece todo el ser que lleva dentro
y sus ojos se llenan, trasparentes,

del color de la vida intransitada.
Yo quiero echar raíces más no puedo;
este mundo no admite permanencias
más allá de los sueños efímeros.

Y en el breve camino hacia la luz,
salpicado de sombras irredentas,
he perdido las hojas de mis ramas
al tenue despertar de la conciencia.

II

Cuando el árbol
crece frente a la casa desabrida,
toda luz es antojo de un instante,
la sombra se mantiene en el recuerdo
y hasta el aire refleja su figura.
Es ahora cuando el tiempo tenebroso
tiñe la savia fresca de ese tono
que tienen las arrugas en el rostro.

El otoño se cierne cual espiga
que madura al calor en el verano,
secando su semilla al frío yermo
de esta tierra reseca y polvorienta.

III

Cuando el árbol
llega a su plenitud frente al espejo,
las hojas van cayendo de sus manos
y haciendo mil piruetas en el aire

ocultan las vergüenzas del estío.
Luego el aire y la lluvia nos anuncian
que arribará el invierno una mañana
y robará el calor de la sonrisa.

Hoy se siente desnudo y desvalido
frente al cierzo pulido de la vida;
el que araña la piel hasta que sangra,
la que pone en su sitio al corazón.

IV

Cuando el árbol
sabe al fin la razón de su existencia,
los golpes invisibles del destino
aminoran su visión en perspectiva

y el bosque queda oculto para siempre.
Las fuerzas le abandonan un buen día
y siente que el crujido de su espalda
pulveriza la urdimbre de sus huesos.

Cuando el árbol cayó yo ya no estaba
sentado en el caudal de aquella sombra,
al perfil rectilíneo de su cuerpo,
a la sed de su boca y de sus ramas.

V

Cuando el árbol
talado, de este fuego que redime
formó parte, yo quise ser tu sombra,
madre, y algo de ti había partido.

Tu recuerdo mis ojos empañaron
y el dolor que crujía con las llamas
susurraba bajito en mis oídos
que nunca volvería a ver tu rostro.

Es por eso que temo el crepitar
de esa lumbre que ciega mis sentidos
y tu ausencia corroe mis raíces,
vacías de lo que era mi sustento.

Como el árbol

Quisiera ser tú,
tronco recio y altivo,
mas aún soy junco...

I
Como el árbol,
la muerte fue ascendiendo sin motivo,
bebiendo tus cenizas desgastadas
y tiznando la savia de mis ramas.

Todo surco en mi cuerpo era su marca
que crecía indeleble hasta la herida,
sintiendo que otro tiempo era mi tiempo,
cuando ambos en la tierra fuimos uno.

Maduro cayó el fruto de la vida
y juntos ya, flotando entre las hojas,
fui cayendo a través del trasparente
dolor tan cruel que todo lo embargaba.

II

Como el árbol,
un buen día la sombra rectilínea
se alargó tras el quicio de la puerta
y penetró al zaguán de mi existencia.

Dio la vuelta la luz entristecida
y se marchó cerrando de un portazo,
nublándose en mis ojos para siempre
el recuerdo que guardo de tus ojos.

El tiempo se quedó y tú te marchaste
sin siquiera un adiós de despedida,
y ahora nada que diga podrá nunca
evitar que alimente esta nostalgia.

III

Como el árbol,
hay algo en mi interior que está creciendo,
que come de mi carne y de mi sangre
y pretende llegar hasta la orilla.

Caronte me ha mirado con desprecio,
él sabe que escapar es imposible;
en el agua profunda de la vida
hay un pez que persigue su carnaza.

Las horas del reloj suenan nerviosas
y el tic-tac se acompasa a los latidos
de un tenue corazón que bebe a sorbos
una historia que toca a despedida.

IV

Como el árbol,
es tan frío el otoño que me viste
que mis cejas pobladas con escarcha
han nublado la luz de la alegría.

La noche se me antoja más cercana
y por la casa fui sembrando versos,
por si al filo de alguna madrugada
costara retenerte en mi memoria.

Entonces leería tus arrugas
o el círculo talado de tu tronco,
por alumbrar los años que vivimos
de espaldas al milagro de la vida.

V

Como el árbol,
aquel que yo planté siendo chiquillo,
hermano renacido entre cenizas
agarrando la tierra con los dientes.

Como el árbol, os digo, de luz ciego,
acaso porque el tronco derrotado
quiso siempre ser fuego en mi candela
y retostar mis huesos en la lumbre.

La última estación de mi morada
nos vuelve a convocar en la memoria
y lágrimas furtivas se derraman
al recordar el rostro de mi padre.

DONDE EL ÁRBOL

Feraz la tierra,
no pude tener nunca
mejor cobijo.

I

Donde el árbol,
la tierra enamorada abre sus manos
y acoge la semilla que ahora brota
como un niño mecido entre los brazos.

La luz obra el milagro prodigioso
y concede su espíritu viajero
a ese tallo incipiente que renace
soñando con llegar al firmamento.

Tan recta y vertical fue su presencia,
que en su copa redonda y definida,
las nubes desprendidas bajo el cielo
acunaban el sueño de mi lecho.

II

Donde el árbol,
ha brotado la sombra acogedora
y extiende su perímetro finito
más allá de la duda razonable.

¿Puede un hombre quizás en sus raíces
acotar tantos sueños de grandeza?
Esconder el denario recibido
es el signo más vil de cobardía.

El día que la parca corte el hilo
y como globo asciendas presuroso,
procura que tu alforja esté vacía
del don que en esta vida te fue dado.

III

Donde el árbol,
la semilla de amor estuvo presta
sin otra condición ni requisito
que saberse por siempre compartida.

No hay sentido en la vida si no sabes
que todo lo infinito y lo finito
juegan siempre cogidos de la mano
y son caras de una única moneda.

Con ella fue pagada la soldada
al barquero del último viaje;
el que espera paciente en la laguna
que la muerte complete su trabajo.

IV

Donde el árbol,
también creció la duda que corroe,
la que engendra dolor y desengaño
cuando observas la rama que se seca,

y también la esperanza redentora,
la que hace que la luz brille a lo lejos
cuando al final del túnel en la noche
retoña el nuevo brote en primavera.

Donde el árbol, la vida como un río
fue surcando caminos olvidados,
conectando senderos pedregosos,
abriendo nuevos surcos en tu frente.

V

Donde el árbol,
reposan las cenizas de los hombres,
se vuelve abono fértil lo que un día
habitó como carne enamorada;

y al igual que ese fruto que madura
al calor de la tierra y de su esencia,
la memoria feliz de lo pasado
es bálsamo de penas y de heridas.

Nada muere ni vive eternamente,
todo fluye a la vez que permanece,
y el adiós de la vida es como un árbol
que alza sus recias ramas hasta el cielo.

Hasta el árbol

Arrímate a mí,
que en el árbol descansan
todas las sombras...

I

Hasta el árbol
fue la vida acercándose sin freno,
retando en el camino la desidia
que brotaba feraz en los arcenes.

Repleta la semilla de esperanza
sorteaba las piedras y las sombras,
sabiendo de su fuerza y de su empuje,
teniendo la certeza de su triunfo.

Y la luz fue la aliada más valiosa,
el agua compañera en aquel viaje,
y la tierra acogió como una madre
protectora a este germen que nacía.

II

Hasta el árbol
se arrimó sigilosa la mentira,
preguntó por su fruto y por su sombra
y se sentó a esperar otro verano.

Olvidó que el otoño y el invierno
necesitan la mano que los cuide,
que roture la tierra y la esperanza
de sentir otra vez la primavera.

Y ni el agua de mayo, ni las tardes
tan largas y tediosas del estío
lograron que la fruta se olvidara
del desprecio que todos le otorgaron.

III

Hasta el árbol
llegó el eco difuso de las voces
que clamaban vacías al desierto;
la música era solo vil ruido.

Un rumor que a lo lejos presentía
el ocaso de aquellos que gritaban
e intentaban cambiar el firme cauce
de la savia que trepa hasta la copa.

La fruta maduró sin otro afán
que cumplir con el ciclo de la vida,
pero esta vez la boca que probaba
sintió el regusto amargo de la hiel.

IV

Hasta el árbol
pudo ver como el rictus de sus labios
mudaba su expresión en pura mueca;
no admite disimulo la certeza.

Sabemos que la vida es como un árbol
que nace, crece y muere como todo,
y a veces el manjar más exquisito
se torna sin remedio en amargura.

¿Cómo hacer cuando el árbol es sequía,
cuando la tenue luz ya no calienta
ni el pájaro que arriba hasta la sombra
es capaz de anidar entre sus ramas?

V

Hasta el árbol
pierde a veces la fe y la esperanza;
lo que antaño vigor y valentía,
se torna quebradizo y polvoriento.

La savia ya no corre por sus venas,
la tarde solo huele a madrugada,
el brillo se escapó de sus pupilas
y las hojas marchitan para siempre.

¿Cómo puedo ser árbol y a la vez
huir de las raíces de la vida,
mirar hacia ese cielo sin sustento
y creer que por fin me he liberado?

SIN EL ÁRBOL

Ya me abandonas,
ahora que talado
perdí mi sombra...

I

Sin el árbol,
se vuelve poco a poco más oscuro
el color de este cielo que me cubre,
que tapa las vergüenzas de mi casa.

El vacío ha quedado entre mis cosas
adherido a mi piel y mis entrañas
como si fuera parte de mi esencia,
de su herrumbre y cimiento más profundo.

Ya no tengo su sombra y su resguardo
ni su abrigo cordial y generoso.
Ahora temo el rugir de las tormentas
y las noches oscuras del invierno.

II

Sin el árbol,
todo el tiempo que fluye entre mis manos,
que ocupa mis jornadas y labores,
se malgasta lamiendo las heridas.

No hay un grano de arena que no caiga
a través del embudo de los días,
que no lleve marcada las ausencias
impresas en la rueda de mi tiempo.

Y aunque sigan la vida y sus afanes
caminando senderos imborrables,
como a fuego marcado en la memoria,
su recuerdo perdura para siempre.

III

Sin el árbol
ya no hay nada entre el tiempo y la guadaña
que siega las raíces de la vida.
Ahora soy a la vez tronco y escudo.

En el denso fragor de la batalla
ya no encuentro su mano acogedora,
aquella que calmaba mis temores
cuando las frías noches de la infancia.

Mi tronco que creció bajo su manto
sirve ahora de manto de otro tronco,
esperando la tala necesaria
para cumplir el ciclo de la vida.

IV

Sin el árbol,
no renuncio a ser árbol de otro árbol
como antes fui yo carne de otra carne
y otra vida fue parte de mi vida.

No concibo otro mundo que mi mundo,
con su espectro de sombras insondables,
con su prisma de luces de esperanza
que filtran esas ramas de mi bosque.

En el suelo dibujan arabescos,
imágenes abstractas de los sueños,
retazos y destellos de luz pura
que se fija por siempre en la pupila.

V

Sin el árbol,
la soledad del bosque fue creciendo
como crece el silencio del hastío,
ese amigo que roba las palabras.

Otorga aquel que calla cuando piensa
que el mundo que dejamos no es el mismo,
que el retoño del árbol que talamos
no atesora la fuerza del origen.

Pero al fin la madera de la vida
siempre arde en el hogar que la protege
y sus restos de humo y de cenizas
son el germen que labra mi futuro.

II
Del corazón

De la vida,
latir es un trabajo
que afana al corazón.

Esa absurda manía de respirar

Porque aún es pronto
y no sé descifrar estos silencios,
y fuera llueve y hace frío,
y es otoño
calando poco a poco en mis certezas.

A duras penas me doy cuenta que ya llegas
y que no sé si quiero,
que a ratos esas voces que resuenan
me dicen que prepare el equipaje,
que olvide los caprichos inservibles
y que coja tan solo lo que importa,
es decir,
lo que vino a ser tanto en el principio:

esa absurda manía de respirar.

Ocaso

Desearía que la tarde no muriera,
que imprimiese su rostro en mi retina
hasta que fuera fuego derretido
en la calle que lleva al corazón.

Que el desfile de hormigas que contemplo
paseando a escondidas por el verde
portara en procesión hasta su nido
los rayos que derriten la negrura.

Que el calor que desprende el horizonte
y mi cuerpo que se aja sin remedio
se fundieran en único motivo,
cual bronce que en el tiempo perdurase.

Pero ya ves, aquí estoy y os contemplo
—como granos de arena en la clepsidra—
en esta redondez de mi manzano
que encierra un mundo antiguo y primitivo.

Él sabe de añoranzas y deseos,
de olor a naftalina y a lavanda,
recuerdos que resisten al olvido,
sabores que se aguan en mi boca.

Desearía que la tarde no muriera,
pero nada es eterno ni infinito,
soy aquel del recuerdo, mas también
otoño desangrándose en la herida.

Gleba

Aún suspiran los miembros de la gleba
en el campo reseco y polvoriento,
con la piel cuarteada en cicatrices
que los años marcaron como fuego.

Aún aguardan el llanto generoso
que llegue regalado desde el cielo
y alivie para siempre esa sequía
que se ancla en el centro de sus huesos.

Y temen que las nubes de tormenta
sobrevuelen cual buitres en sus sueños,
desplegando alas negras de miseria
al mísero esqueleto de su pecio.

Son sombras que transitan estas tierras
—cual parte del paisaje se volvieron—
esperando poder ser redimidas
desde el mismo principio de los tiempos.

Todo

Tengo el silencio,
la luz
y el aire que frecuenta
con desdén mis pulmones.

Tengo un presente
sin futuro,
pájaro que voló
al descubrir sus alas.

Tengo una tierra
angosta y seca
que heredé de mis mayores,
por donde se pasean
huesos cansados.

Y tengo un dolor primigenio
anclado a mi costado
que siempre me recuerda lo que soy.

Hombre que tiene
todo aquello que ha podido desear:

silencio,
      aire,
         luz,
            tierra,
               y dolor...

ENCUENTRO

No me busques en lo oscuro,
en las sombras silentes del misterio,
allí donde habitan los fantasmas
que se escapan del centro de mi cuerpo.

No me busques, si me quieres,
en ese pozo ciego, oscuro y negro;
no siempre los caminos
conducen hasta el fondo del deseo.

Búscame donde la luz
desprende ese halo de los sueños,
allí donde lo ignoto se revela
sin dejar un resquicio para el miedo.

Búscame, mas no me encuentres,
no rompas la esperanza del encuentro;
si me hallas, ahora que es tan tarde,
no podré madrugar en tu silencio.

Faltas

Falté a demasiadas
clases en la vida.
No pude aprender
el temblor de los solsticios
ni la música
que vuela con los pájaros.

Tampoco la serena paz
del que sabe pedir perdón
ni como regalar las caricias
de una mano maternal.

Apenas aprendí
cómo esbozar una sonrisa
o como refrescar
la boca del sediento.

Pero si algo aprendí bien,
a pesar de todas las ausencias,
a pesar de mis faltas repetidas,
es que nadie, nadie,
huye de sí mismo eternamente.

Olivo

De la horca nace en silencio la luz,
da vida al feraz árbol, lo ilumina,
generoso en el tiempo cuando otoño
nos regale su fruto y sus esfuerzos.

Retorcido su tronco enamorado
bifurca entre sus ramas y sus sombras
y cuelga con su oliva generosa
el oro de su líquido futuro.

El dolor en la piedra será luego,
al abrigo del íntimo molino,
cuando ya el corazón que te acompaña
exprima todo el ser en un capacho.

Aceite que das vida y alimento
a aquel que en la mañana amanecida
prepara sus aperos y sus sueños
al amparo de ramas centenarias.

Que no me falte nunca en la alacena
el olor de la infancia y el recuerdo,
geometría en las piedras de molienda
y el sabor de unos besos en el pan.

Raíces

Siempre hay una raíz que te mantiene
sujeto a nuestro cielo y nuestra tierra,
anclado al sentimiento o al recuerdo,
libando del dolor o de la pena.

Cortarla se me antoja un imposible,
negarla es desear una quimera,
el vínculo del hombre y sus ancestros
descansan en el fondo de su gleba.

Puedes irte de casa o de tu pueblo,
marchar hacia otros lares de promesas,
mas tu pueblo de ti nunca se sale,
su raíz es más fiel de lo que piensas.

RENÉ

¡Sabed que son más ciertos
los vidriosos ojos de los muertos!

No hay nada inmarcesible,
todo es caduco y volátil,
y sin embargo la vida
se hace presente y no cesa
—río que fluye y que llega
tenaz a cualquier orilla—.

Piensa el hombre que es el centro
de su veraz universo
y muere solo en la calle,
bulevar de los deseos.

Neones que parpadean,
pasos con prisa y sin tiempo,
luces que encienden y apagan
el brillo de nuestro cuerpo.

Como un residuo que estorba,
acurrucado en el suelo,
ajeno a todos y a todo
va muriéndose en silencio.

Los que pasan:
¡pobres gentes que respiran
sin saber que ya están muertos!

¡Sabed que son más ciertos
los vidriosos ojos de los muertos!

Todos somos ese hombre
que yace muerto en el suelo.

Telón

Cayó el telón,
ya no hay sorpresa.
Ruedan las monedas por el suelo;
Caronte da la espalda al escenario,
cumplió con su tarea el buen barquero.

El jurado en silencio
observa el trance;
una sombra de pie
suspira inquieta:

«Es la hora, señores...»

Todo acaba,
todo vuelve al final
hasta la tierra.

MUÑECA

¿Quién va a devolverte tu muñeca,
ángel esquivo que ahora
yaces a la espera en pleno suelo?
Sutil como el aire,
doliente y delicada,
apenas tienes horas en tu alforja.
¿Quién te concibió para tan poco?
¿Quién pensó acortarte los suspiros
que descansan asustados en tu pecho?
¿En nombre de qué dios levantas vuelo
y te pierdes liviana entre las sombras?
Que la tierra te sea leve como un sueño,
que las alas te remonten y te encumbren
para que roces ese cielo que te cubre,
pero... ¿Quién va a devolverte la sonrisa
y esa voz angelical de nuestra infancia?
¿Quién jugará contigo cuando llegues
a la tierra prometida por los hombres?
¿Quién responderá las preguntas
derramadas de las cuencas de tus ojos?
No, no hay razón en tanta sinrazón,
no hay perdón para tanta tiniebla.
Las huríes del profeta se cansaron
de tanta sangre derramada
y hacen «la calle», temblorosas,
entre vísceras lascivas y desnudas.
No hay dios que soporte tanta infamia,
no hay luz que ilumine esta ceguera,
no hay rezo que consuele tanto llanto.

No hay motivos, ni razones, ni alianzas,
solo el hombre, siempre el hombre.
Desde el mismo principio de los tiempos,
lobo para el hombre.
Esperanza es solo una palabra hueca,
vacía, desolada.
La sangre clama sangre
y nunca supimos el motivo.
¿Quién va a devolverte la muñeca
rota, ajada, ensangrentada?
Hace poco acurrucada contra el pecho
que aun marcaba los segundos de una vida;
y ahora... ahora recuerdo del terror,
de la ignominia en el nombre del sin nombre.
¿Quién, quién va a devolverte tu muñeca?
¿Quién va a acompañarte al otro lado
donde viven los sueños inconclusos?
¿En nombre de quién y por qué
eres ya un juguete roto?
Esta noche nace ensangrentada.
Las estrellas son puñales y cuchillos
que se clavan ajando el corazón
y no hay remedio, ni consuelo, ni esperanza...
Solo el hombre, solo,
jugando como siempre a ser un dios.

INFIERNO

El infierno es un horno crematorio;
la ceniza carbono destilado
con ínfulas de piedra de diamante,
y la urna que encierra lo que antaño
fue una mezcla de Dios y de demonio,
es la cárcel total, definitiva,
que sin rejas forjadas ni barrotes
atesora tu ser y lo que fuiste
sin que fueras consciente de tu fuga,
sin que apenas supieras que tu origen
era el mismo lugar que tu destino,
que todo estaba escrito de antemano
en el plan general del universo.

Solo dejas las briznas de recuerdo
que el tiempo borrará como si nada,
y el légamo febril de tu nacencia
será el lecho final de tu camino.

Generosa es la casa del olvido
que acoge a todo aquel que quiere entrar.

Lágrimas

Llorabas,
lo vi en tus ojos.
Era una mañana sucia y gris
y tu mirar un grito en el silencio.
Me hablaste de los años vividos,
de los sueños, de la felicidad, del olvido,
del imposible retorno...
Yo, ante el espejo,
me anudaba la corbata
y oía murmullos lejanos.
Solo se reflejó una sombra.

Miré el reloj;
el segundero no paraba de correr.
«Es muy tarde», susurré
y volví la espalda.
Tú estabas allí
de pie, como un espectro,
suspirando, aguardando...
Se te escapó un adiós.
Llorabas,
lo vi en tus ojos y no hice nada;
solo salí sin hacer ruido,
sin mirar atrás,
despreciando mi vida y la tuya,
huyendo del silencio que aulló en mi interior,
del vacío que llenó mi vida.
Era una mañana sucia y gris.
Lo vi en tus ojos.
Llorabas...

ÍCARO

Como a Ícaro, el sol te atrae,
le esperas impaciente si amanece
y miras de reojo a las estrellas
que guiñan y hacen mutis por el foro.

Observas imponente como sube
detrás del horizonte esclarecido
y el rojo va bañando con su fuego
la piel de las montañas y los valles.

La luz va clareando en tus recuerdos,
tu sangre se calienta y estremece
y ciegos de belleza negros ojos
lo miran fijamente, hipnotizados.

Aún recuerdan aquel día,
cuando el bueno de Dédalo señala
el gran disco de fuego y te aconseja:
«No mires ni te acerques... o estás muerto».

MI LÁPIZ

Elevado a la altura de mi vista,
ante su desafío le mantengo
la mirada firme.

El malnacido conoce su importancia
y sus ojos se fijan en los míos
arañando incesantes mis pupilas.

Hay un desprecio sordo,
atávico también,
impregnando el negror de su grafito.

Yo le obligo a bajar, a arrodillarse
hasta besar el albo cristal de mi papel;
limpio, brillante, inmaculado...
vacío.

Traza nervioso caracteres mágicos,
indescifrables grafías,
letras que no sé de dónde vienen,
palabras que se forman
y pretenden ser parte de algún verso.

Al final, cansado y aburrido,
desganado y triste, derrotado,
lo he dejado caer sobre la mesa
y lo miro con melancolía.
Es entonces cuando
desde la humillación me dice:
«¿Y tú te crees que eres poeta?».

ALZHÉIMER

Pongamos que despiertas y me dices:
¿Recuerdas donde puse mi sonrisa?
Y tus ojos, perdidos en su prisa,
me miran tras un velo de matices.

Pongamos que olvidando tus deslices
escondo esa palabra que agoniza,
el suspiro que en mi alma se eterniza,
ausencias que en un rictus me desdices.

En tu mente mi cara se hace extraña,
me buscas tras el manto del olvido
y te embarga la pena con su saña.

Ese tiempo de vida no vivido
se revuelve de pronto entre mi entraña
sin saber si es que viene, o si se ha ido.

Arañas

Entre la luz y tú, toda la vida.

Intenta penetrar taimadas sombras,
discurre los caminos del desierto,
no dejes que te atrapen las arañas.

Me dicen que se llama aracnofobia
el miedo que recorre por el cuerpo
cuando el negro tenaz de la derrota
nos tiñe la razón de largas patas.

Y un hilo pegajoso y traicionero
va envolviendo tus días sin coraza
y el corazón en sístole se para
al no caber más sangre en su alacena.

Luego el sueño termina y te despiertas
empapado en sudor y desarmado
y sientes como el frío de la noche
te aguarda cada día más temprano.

INCIERTO FUTURO

Sé que has vuelto
al lugar donde esperan los pacientes
el regreso tenaz de las derrotas.

Sé que es nada en tus manos
lo que habita
y no existe atadura que te ciña.

Como sé que amas la verdad
que se esconde en el envés
de la mentira, susurrándote
al oído suspiros
que inocentes despiertan tus mañanas.

Todo lo sé porque tú me lo contaste
la noche que nos trajo la tormenta,
cuando ambos vislumbramos bajo el rayo
el incierto futuro de la luz.

PESADILLA

En el mismo zaguán del mismo sueño,
se elevaban mis pies de las baldosas
y emprendía mi cuerpo un tenue vuelo.

Surcaba como un pájaro en el aire
el breve espacio de la estancia pura
y a punto de llegar junto al refugio
que los brazos maternos me brindaban,
una fuerza feroz me arrebataba
llevándome impasible hacia el abismo.

Era un sueño infantil que muchas noches
visitó los recónditos rincones
que habitaron antaño mis sentidos.

Ha pasado la vida y aún no entiendo
como todo se cierra en esa estancia
donde habitan los monstruos de la noche.

Ya no he vuelto a soñar aquella casa
donde todo está igual tras tantos años,
pero a veces, rodeado de recuerdos,
me embarga la nostalgia de aquel vuelo.

EL RINCÓN

De cara a aquel rincón
buscaba telarañas.

Allí aprendí quietud.

Mis ojos, tan nerviosos,
jugaban con el tiempo
en tanto que mi cuerpo
arrastraba la ausencia.

Era como dormir de pie
y soñar con los cierzos lejanos.

Mi padre me mandaba
allí por cualquier travesura,
sin pararse a pensar
que no era su tiempo el mío.

El tedio de las horas sobre mí.

Y a pesar de tratarse de un instante,
la eternidad asomaba en la pared
a golpe de cal blanca y desconchones.

Sombras

Una sombra callada en el rincón
guardándose sutil de los reflejos,
de espaldas a la luz de los espejos
que buscan en sus ojos comprensión.

Una sombra sin brillo ni pasión,
que asida a la pared mira a lo lejos,
intentando atrapar recuerdos viejos
que mantengan con vida la ilusión.

Escapó de mi cuerpo hace ya tanto
que he olvidado su exacta geometría;
es el miedo alimento de su llanto

y si a veces invoca la alegría,
al instante retorna su quebranto
fundiéndose su alma con la mía.

III
De la vida

Volaba...

*tú esperabas de mi
cosas mejores,
yo esperaba de ti
mejores alas.*

DESEO

Ha perdido la muerte su guadaña
entre el denso follaje de la vida:
ya no fluye la sangre por la herida,
se cansó de luchar con tanta saña.

De la mano un infante la acompaña
a buscar por los campos sus aperos:
la imagen de Thanatos frente a Eros
recorre las besanas en la raña.

La vida se abre paso indiferente
al negror de la túnica teñida
que porta sobre si la pobre parca.

Va sembrando el infante la simiente
y a la tierra preñada se le olvida
recordar al barquero con su barca.

NACENCIA

Bajo el bálago, dormido,
cubierto al sol y al relente,
rey de su casa y su gente,
descansa el recién nacido.

Como un presente ha venido
entre aperos y cecinas,
vecino de mies y encinas,
moisés de palma y jergón.

Nana, susurro y canción,
el trisar de golondrinas.

VOCES

Atropelladas,
de mi boca se asoman al vacío,
sienten el vértigo
y vuelven sin querer,
obedientes y sumisas,
a poblar mis adentros.

No daría yo por oírlas
más de lo que siento,
que a veces es nada,
que a veces es nada...

DESNUDO

Cuento las horas
y me digo:
¿Qué es un día?
¿Acaso no fue ayer, igual que hoy,
otro sueño tirado a la basura?

Un camión
cargado con las bolsas de papel
recorrerá el mañana:
todas llevarán dentro —intrascendentes,
vacías—
mis veinticuatro horas impolutas;

todas sin mí,
          pero conmigo.

NECESIDAD

Te sueño demasiado;
tal vez por eso
bostezo en la mañana.

La sombra de tu cuerpo
se alarga hasta mi boca
y abro mis fauces:

¡cómo imagino
tus piernas libidinosas!

No sé qué haría sin ti,
sin ese latido
en mi interior.

Probablemente,
dormido,
me echarían de la vida.

A RAS DEL DESEO

Golpean un mármol
indiferente a tu donaire
y exhalan su brillo
en el reflejo de tus piernas.

Les oigo suspirar, aliviados,
en su tintineo sordo y seco.
Al respirar te imaginan como yo,
desde su inversa
atalaya te ven y te desean.

Yo quisiera ser mármol y escalón
para verte bajar las escaleras
con el seco golpear de tus tacones,
el sutil contoneo
de caderas, el vuelo
rasante de tu falda...

A ras de cielo y sueño,
a ras del íntimo deseo.

DIME

Dime:
¿llueve porque lloras?

Todo es oscuro y sombrío:
difuntos que esperan tras la tapia
que alguien los recuerde

y la esperanza,
que perdida se escurre por el sumidero...

Otoño y noviembre y llueve,
y no sé por qué lloras,
aunque bien he podido imaginarlo

y tampoco sé si puedo
llorar contigo,
aunque no me queden lágrimas,

aunque esta sequía sempiterna
se ahogue en la lluvia
que ahora cae.

CREDO

Creía que era yo;
me equivocaba.

No era yo quien sostenía la mañana,
ni el árbol, ni la casa...

Todo el universo:
mis sueños, mis hijos,
el jardín que me escondía,
mi vida,
colgaba de un hilo de tus manos.

Yo creía tantas cosas...

Creía que era yo;
me equivocaba;

siempre fuiste tú.

VIDAS

¿Cuántas vidas vive el hombre
a lo largo del camino?

¡Cuántos sueños sin destino
y sin que nadie los nombre!

¿Cuántos suspiros se esconden
tras el roce de la suerte?

Siempre con miedo a perderte,
siempre viviendo a escondidas...

Se viven cientos de vidas,
se muere solo una muerte.

Espejismo

Un árbol extiende
sus ramas hacia mí,

me quiere abrazar
y no hay motivo;

sé que debe ser un *espejismo*
pero no me fío...

bien pudiera
querer estrangularme.

Revolución

Brilla el filo y saja
de par en par el aire
antes de caer sobre tu cuello;

trasluce la luz sobre el acero
y ríe sin dientes
la muerte despechada.

Tan exacta como una fracción,
la sangre acude presta a la llamada
y tiñe de intenso rojo
el fragor de los pañuelos.

Resuena un grito
feroz de muchedumbre,
y como la hoja
caduca del otoño, cae
al cesto la cabeza del Bautista.

POSESIÓN

Tengo todo lo que un hombre
puede desear:

un dolor que no duele demasiado;
unos ojos cansados
que muestran los colores de la vida,
una boca, palabras que aprendieron
en silencio a vivir,

y una muerte indulgente
que aún me espera.

PALABRAS

Se acostumbraron a vivir
en el silencio,
en la mínima expresión
de la saliva,
en el aire impoluto
que exhalaba.

A veces intentaban escapar
desnudas y con prisa,
por si quemaba la pasión:

irreflexivas, fieles,
obtusas, enfadadas, alegres...

¿Quién les abrirá la puerta
para que huyan?

Palabras,
      palabras...

Briznas

Con lo que tengo
construiré un castillo de silencios,

un hogar irreversible, definitivo,

solo con lo que tengo:

estas pocas briznas de esperanza.

Luz

La tarde me trae sombras,
desasosiego, miedos
atávicos que resisten al tiempo
y al fluir de la vida,

pero también recuerdos,
esperanza, corazón, deseo.

Y esa luz,
       esa luz...

Paz

Me digo que alcancé la paz conmigo mismo.

Me miento y lo sé.

Más cierto es
que me he rendido.

Tic-tac

La vida es un tic-tac,
un cuco que asoma del portillo
cantándonos las horas con denuedo.

Dentro de su cajón
sé que incuba el arrullo de la muerte,
mientras prepara
su garganta para el canto del tiempo.

Nada envejece tanto
ni muere con más parsimonia
que el cuco del reloj.

LUNA

Asomaba la luna
tras tu pecho de piedra,
corazón encogido
esperando una estrella.

De tus ojos el sueño
de volar junto a ella,
de romper tus raíces
prisioneras de tierra.

Mas el encanto dura
lo que al instante tiembla:
leve roce de luz
que por tu espalda medra.

TRAS EL ENTIERRO

Tomarán un café tras el entierro,
subirán con la prisa presentida
que el mordisco del tiempo les impuso.

Hablarán del calor que en estos días
quisiera atormentar campos y cuerpos,
y entre sorbo y sorbo, recordándolo,
algún momento tierno del finado.

«La lluvia se resiste, mala cosa»
—siempre el hombre del campo está en alerta—,
comenta algún amigo.
«Le echaremos de menos», dice otro,
con su rostro perdido en el paisaje.

Y el pueblo, que se muere tan deprisa
que apenas si da tiempo a comprenderlo,
contempla como crece el camposanto
y se cierran sus casas sin remedio.

Quedan tristes besanas, sementeras,
huérfanas de sus manos campesinas,
ahítas del sudor que en el verano
caía sobre surcos y terrones.

Dura el duelo el tañer de la campana,
el tiempo de la vida no da tregua.

Pronto olvidan los deudos sus pesares,
envueltos en el sueño y la rutina.

Y todo es natural, como la muerte,
que lleva siempre a cuestas su guadaña
y va segando mieses del presente
para que otros contemplen el futuro.

Preguntas

Pregunté por ti, ¿sabes?,
en aquel lugar que mis pasos conocieron.
Barruntaba la muerte en el lánguido
silencio de la noche,
aunque el tiempo aún no era cumplido.
Pero el rastro de luz de tus ojos ya no estaba,
ni en el aire flotaba el aroma de tu piel.

Caminé entre la bruma
a sabiendas de las piedras del camino,
esas que nunca se apartaron,
ni tan siquiera cuando el amor
tembló entre nuestros cuerpos.
A sabiendas del fracaso,
la vida se agostó sin más motivo
que el paso irrefrenable de los años.

Y tras tantas certezas innombrables,
solo una quebró mis esperanzas:
saber que tu recuerdo era finito.

Jubilación

Terminé en el trabajo.

Hoy está el cielo
con nubes sucias, raras.
Han dicho que nos llega
humo de los incendios canadienses.
¡Tan lejos!

Miro las paredes y mis cosas
como algo extraño, ajeno.
Apenas reconozco
toda una vida.
No, no voy a volver,
ya no.
Nazco y...
queda tanto por hacer.

FINIS

Desangrarse
frente a una luz azul
que al tiempo muta,

frente al agua mansa
que acaricia al junco,

frente al dolor callado
del cuerpo que marchita...

Desangrarse
para saberse vivo,
para oír un corazón
que sin razón palpita,

para entregar al mundo
lo que la muerte quita.

ÍNDICE

ESA ABSURDA MANÍA DE RESPIRAR

se terminó de componer
en marzo de 2024,
es la sierra verde puro
y esa luz